Jan Koneffke · Jacky Gleich

Die Schlittenfahrt

Jan Koneffke, geboren 1960 in Darmstadt, studierte Philosophie und Germanistik in Berlin. Nach einem längeren Aufenthalt in Rom lebt er heute in Wien. Er schreibt auch Bücher für Erwachsene und erhielt u. a. den Leonce-und-Lena Preis für Lyrik. Zuletzt veröffentlichte er die Romane *Paul Schatz im Uhrenkasten* und *Eine Liebe am Tiber*. *Die Schlittenfahrt* ist sein erstes Buch bei Beltz & Gelberg.

Jacky Gleich, geboren 1964 in Darmstadt, wuchs in Brandenburg auf. Sie studierte an der Filmhochschule Babelsberg und lebt heute mit ihrer Familie in Bad Berka/Thüringen. Sie illustrierte zahlreiche Bücher, die vielfach ausgezeichnet wurden, unter anderem mit dem Deutschen Jugendliteraturpreis. Bei Beltz & Gelberg veröffentlichte sie zuvor (mit Texten von Uri Orlev) die Bilderbücher *Das kleine große Mädchen, Der Haarige Dienstag, Das Löwengeschenk* und *Der Glücksschnuller.*

www.beltz.de

in der Verlagsgruppe Beltz · Weinheim Basel

Neue Rechtschreibung
Einbandillustration: Jacky Gleich
Einbandtypografie: rgb, Hamburg
Druck: Druckhaus Beltz, Hemsbach
Bindung: Druckhaus »Thomas Müntzer«, Bad Langensalza
Printed in Germany
ISBN 3 407 79331 6
1 2 3 4 5 09 08 07 06 05

Jan Koneffke · Jacky Gleich

Die Schlittenfahrt

BELTZ
& Gelberg

Wie in allen Jahren vorher haben sich
meine Eltern vor Heiligabend gestritten.

Mein Vater hatte noch gerade rechtzeitig einen Weihnachtsbaum besorgt und meine Mutter hat die Nase gerümpft, weil sie ihn, wie jedes Jahr, zu klein und spillerig fand. Und als meine Mutter schließlich die Kerzen am Baum anstecken wollte, hat mein Vater, wie in allen Jahren vorher, »Halt!« gerufen, »wir dürfen die Kerzen nicht anstecken.«

»Wieso?«, hat meine Mutter, wie in allen Jahren vorher, gefragt, obwohl sie die Antwort meines Vaters auswendig kannte.

»Weil das logisch ist«, hat mein Vater gesagt, »die Kerzen zündet man erst am Heiligabend an.«

Meine Mutter hatte Stunden zugebracht, den Baum mit Lametta und Strohsternen und Schokoladen-Weihnachtsmännern zu schmücken.

Zuletzt hat sie wissen wollen, wie er ausschaut, wenn die Kerzen brennen. Deshalb hat sie meinen Vater unterbrochen.

»Das ist überhaupt nicht logisch. Du bist bloß geizig.«

»Nein«, hat mein Vater gesagt.

»Und ob!«, hat meine Mutter entgegnet.

Ihre Stimmen sind immer schriller geworden und bald ist es auch nicht mehr um die Kerzen am Weihnachtsbaum gegangen, sondern um den Wagen und die Einbauküche und den Pelz meiner Mutter und das Bier, das mein Vater trinkt, und die Zigaretten, die er raucht.

Da habe ich meinen Schlitten genommen und bin zum Hang hochgestapft. Auf dem Acker reichte mir der Schnee bis zu den Knien.
Dann habe ich mich auf den Schlitten gesetzt und unser Haus betrachtet. Ich habe Vaters und Mutters Schatten gesehen, die sich im Wohnzimmerfenster aufgeregt hin und her bewegt haben. Ich habe den Fleischer erkannt in der Metzgerei vor seinen rosa Schinken und baumelnden Salami. Der Kirchturm hatte eine weiße Haube. Ich habe den Mond betrachtet, der eine Sichel war und sich hinterm Wald hoch schaukelte, und den blinzelnden Abendstern. Dann bin ich losgefahren.

Als wir den Hang runtergerutscht und beim Acker angekommen sind, hat mein Schlitten nicht anhalten wollen. Wir sind über den Acker geschlittert und er ist immer schneller geworden.
Ich habe mich festgehalten, als wir durchs offene Gartentor beim Nachbarn gerast sind und bei seiner offenen Hofeinfahrt wieder hinaus. Wir sind bei unserem Haus vorbeigekommen, wo mein Vater vor der Tür in Trainingsanzug und Schlappen Dampf abgelassen und eine Zigarette geraucht hat. Seine Zigarette ist ihm aus der Hand gefallen.

»He! Es gibt Abendbrot!«, hat er geschrieen, »Halt an!« Doch da sind wir schon in die Hauptstraße eingebogen und ich habe nichts mehr erwidern können.

Mir ist die Mütze vom Kopf geflogen, aber mir war gar nicht kalt. Die Hauptstraße sind wir runter und hoch gefegt und sind einem Polizisten begegnet, der wild in seine Trillerpfeife geblasen hat. Meinen Schlitten hat das nicht beeindruckt.

Bald haben wir auch die Landstraße verlassen und sind in die verschneiten Felder gefegt.

In den Bäumen hatten sich Krähen niedergelassen, um zu schlafen, und sind erschrocken aufgewirbelt. Sie haben sich zu einer großen schwarzen Wolke vereint und mir ist angst und bange geworden, so hässlich haben sie gekrächzt.
Und was habe ich erst geschlottert, als wir auf einen Abgrund zugerast sind. Da war das Feld zu Ende und unter uns ist ein Tal gelegen und ich dachte: Jetzt fallen wir in die Tiefe.
Aber mein Schlitten ist zu schnell gewesen. Wir sind einfach über das Tal hinweg geflogen und auf dem nächsten Berg gelandet und durch einen Tannenwald gerauscht und die Tannen haben uns mit Schnee beschüttet.
Endlich sind wir am Rand des Mittelgebirges angekommen und vor uns öffnete sich die Ebene. Ich habe die große Stadt erkannt, in die mich mein Vater manchmal mitnimmt. Sie hat ausgesehen wie der Inhalt eines Baukastens, den man auf den Fußboden geschüttet hat und der nach allen Seiten auseinandergepurzelt ist. Auch die Autobahnen habe ich erkannt, in die die Stadt eingeschnürt ist wie in ein silbernes Geschenkband mit Schleifen.

Wir sind in die Stadt hineingeschlittert und die Straßen waren leer. Die Menschen haben schon geschlafen. Bloß ein paar Streufahrzeuge und Schneepflüge sind unterwegs gewesen. Manchmal hat es gekracht unter den Kufen, wo sie den Schnee beiseite geschoben und Salz verteilt hatten, aber es hat nicht gereicht, um den Schlitten aufzuhalten. Mir kam es vor, als ob die Ampeln uns anglotzten. Und als

ob die Hochhäuser sich staunend zu uns hinunterbeugten.
Es hat aber nicht lange gedauert und wir
hatten die Stadt verlassen.
Ich habe gedacht, jetzt könnten
wir eigentlich umkehren.

Aber der Schlitten dachte nicht ans Umkehren. Ich glaube, er ist noch schneller geworden. Jedenfalls haben wir das Meer erreicht und die Leuchttürme haben mit Licht um sich geworfen. Das Meer war zugefroren. Der Schlitten ist aufs Meer hinausgeglitten und seine Kufen haben rot geglüht und mir eingeheizt. Und ich habe mich umgedreht und dort, wo wir langgesaust waren, gluckerte Wasser. Wir hatten eine Spur ins Eis gebrannt. Auf und ab ist es gegangen, weil auch die Wellen zu Eis erstarrt waren.
Aber das Meer ist weit. Außer Mond und Abendstern gab es nichts mehr zu sehen und ich bin ein wenig auf dem Schlitten eingenickt.

Dann habe ich gemerkt, dass etwas passiert, und ich habe meine Augen aufgerissen. Der Schlitten hatte sich vom Boden gelöst. Ich glaube, wir hatten eine so hohe Geschwindigkeit, dass er die Erdkrümmung verpasst hat.

Er ist einfach so geradeaus geschossen, dass es uns ins Weltall hinausgetragen hat. Da habe ich gedacht, jetzt ist es zu spät umzukehren. Jetzt komme ich nie mehr heim.

Kalt ist mir nicht gewesen. Vielleicht war das die Reibungshitze, von der mein Vater gern spricht, weil er als Schüler gut in Physik gewesen ist. Oder die Sonne, die ich auf der anderen Seite der Welt aufgehen sah.

Ich habe mich vorsichtig umgedreht und mir die Erde angeschaut, die wie ein riesiger blauer Ball vor meinen Augen schwebte. Aber sie ist rasch kleiner geworden wie auch der Mond. Er ist klein gewesen wie ein Fingernagel. Und die Erde sah aus wie eine blaue Kugel auf dem Billardtisch meines Vaters im Hobbykeller. Nur dass sie nicht auf grünem Filztuch lag, sondern vom finstersten Schwarz umgeben war, das mir je begegnet ist.

Dann sind wir an anderen Planeten vorbeigezogen. Manche waren rot wie aus verrostetem Eisen. Manche von einem pelzigen Grün wie die verschimmelten Walnüsse, die meine Mutter hinterm Besenschrank gefunden hat, wo sie mein Vater versteckt hatte.

Andere Planeten waren gelb wie eine Staubwolke oder braun und pockenvernarbt. Manche waren von Ringen umgeben, die wie Seifenblasen schillerten. Immer wenn mir zu kalt geworden ist, hat mein Schlitten Kurs auf eine Sonne genommen. Die Sonnen waren aus flüssigem Feuer. Sie haben so geflackert, dass ich meine Augen schließen musste. Ich habe gemerkt, wie sie mit ihrer Schwerkraft am Schlitten gezerrt haben und uns hinabreißen wollten. Aber der Schlitten hat rechtzeitig abgedreht und ich habe den Sonnen eine lange Nase gemacht.
Ich habe geschwitzt, auch ein bisschen aus Angst. Am schlimmsten ist es gewesen, als wir in einen Meteoritenschauer geraten sind. Riesige graue Steine, groß wie Berge, sind durchs Weltall geschleudert. Ich habe mich so klein wie möglich gemacht. Haarscharf sind sie am Schlitten vorbeigerast. Und der Schlitten ist nur so herumgehoppelt, um ihnen auszuweichen.

Dann waren wir sie los und die Fahrt ist ruhiger geworden. Wir sind durch den Nebel der Milchstraße geglitten und ich habe mich bald einsamer gefühlt als auf dem vereisten Meer. Ich bin mutterseelenallein gewesen. Zu sehen gab es auch nicht mehr viel. Überall blinzelten Sterne, unter und über mir, aber ich habe gar nicht mehr gewusst, was oben und unten ist. Vielleicht bin ich auch auf dem Kopf durch das All geschossen. Doch weil wir immer nur so dahingeflogen sind durch die schwarze Nacht, bin ich irgendwann eingenickt.

Ich kann nicht sagen, wie lange wir unterwegs gewesen sind. Meine Armbanduhr habe ich nur zwei Mal betrachtet. Erst raste der Zeiger so schnell über das Zifferblatt, dass ich ihn kaum noch erkennen konnte. Und beim zweiten Mal ist die Uhr kaputt gewesen. Ich habe also auf meinem Schlitten gehockt und geschlafen.
Bis ich bemerkt habe, dass etwas passiert. Und ich habe meinen Augen nicht getraut, als die Erde vor mir auftauchte. Blau war sie, unendlich blau. Mir ist eingefallen, dass das Weltall gekrümmt ist. Und ich habe mir gedacht, wenn man im Universum immer weiterfährt, kommt man vermutlich wieder da an, wo man abgefahren ist.
Aber ich hatte keine Zeit, mir viele Gedanken zu machen. Denn wir sind durch die Wolken gesaust und ich habe die große Stadt und das Mittelgebirge erkannt und die Berge kamen mir mit ihren scharfen Zacken so schnell entgegen, dass ich Angst hatte, sie spießen mich auf.
»Neeeeeiiiin!«, habe ich geschrien.

Aber da ist es schon zu spät gewesen. Die Kufen haben entsetzlich geknirscht. Und es hat mich durchgeschüttelt wie noch nie. Und dann sind wir stehen geblieben.
Wir standen auf dem Acker, oberhalb unseres Hauses, und ich habe die Schatten meiner Eltern entdeckt, die sich im Fenster hin und her bewegt haben. Es schien sich gar nichts verändert zu haben. Bloß das Gartentor beim Nachbarn war verschlossen.

Ich habe meinen Schlitten an der Kordel zum Haus gezogen und er ist brav hinter mir her gezockelt wie ein ganz normaler Schlitten. Neben unserer Tür lag ein Zigarettenstummel, der noch ein bisschen vor sich hin gequalmt hat. Die Tür war angelehnt. Schon von draußen habe ich die Stimmen meiner Eltern gehört, wie sie miteinander gestritten haben.

Aber ich bin doch froh gewesen, wieder zu Hause zu sein, und eingetreten.
Meine Eltern zankten so wild miteinander, dass sie mich erst nicht bemerkt haben. Meine Mutter hielt die Streichhölzer in der Hand, mit denen sie die Kerzen am Weihnachtsbaum anzünden wollte.
Mein Vater hatte seinen Trainingsanzug und die Hausschlappen an.
Aber etwas stimmte nicht an ihm. Auch meine Mutter sah verändert aus. Sie hatte jetzt eine Brille auf der Nase. Ihre Augen hinter den Gläsern sind riesengroß gewesen wie die einer Eule.

Und sie sind noch größer geworden, als sie mich entdeckt hat. Sie hat einen Schrei ausgestoßen, der anders klang als die Schreie gegen meinen Vater. Auch meinem Vater ist das aufgefallen. Er ist einen Schritt beiseite getreten, um mich besser erkennen zu können. Er hat Luft holen müssen.
Er hat gesagt: »Wo bist du denn die ganze Zeit gewesen?«
Und meine Mutter hat mich in ihre Arme geschlossen und zu weinen

begonnen. Und ich habe von unten in ihr Gesicht geschaut, das viel faltiger war als in meiner Erinnerung.
Ich habe erst nicht verstanden, was sie geschluchzt hat. Aber nach und nach habe ich es erraten. Sie haben nicht mehr geglaubt, dass ich zurückkomme.

Später haben wir um den Weihnachtsbaum herumgesessen und meine Eltern haben mich unentwegt angeschaut. Sie haben vergessen, sich zu streiten. Erst als ich im Bett lag, habe ich daran gedacht, wie mein Vater sich die Streichhölzer genommen hat und um den Weihnachtsbaum herumgegangen ist, um die Kerzen anzuzünden, obwohl noch gar nicht Heiligabend war.
Ein Mal in der Nacht bin ich aufgewacht und zum Fenster gelaufen. Mein Schlitten stand draußen im Schnee und es ist ihm nichts anzumerken gewesen. Auch den Sternen nicht, die am Himmel gestanden sind und mich angefunkelt haben.